ORAISON FUNÈBRE

DE MONSEIGNEUR

CHARLES MONTAULT

DES ISLES,

ÉVÊQUE D'ANGERS,

PRONONCÉE DANS L'ÉGLISE CATHÉDRALE,

Par M. Gourdon,

CURÉ DE LA PAROISSE,

Le 27 août 1839.

PRIX 1 FRANC, AU PROFIT DES PAUVRES

ANGERS,

IMPRIMERIE-LIBRAIRIE DE PIGNÉ-CHATEAU,
Rue Saint-Aubin, 20.

1839.

ORAISON FUNÈBRE.

Dilectus Deo et hominibus, cujus memoria in benedictione est.

« Aimé de Dieu, chéri des hommes, sa mémoire est bénie au Ciel et « parmi nous. » (Eccli. 45. 1.)

MESSIEURS,

En acceptant l'importante et honorable mission que nous venons remplir, nous avons compris, qu'il nous soit permis de le dire, ce que vous attendez de nous dans cette douloureuse solennité. Nous connaissons et nous partageons vos désirs, une même pensée nous réunit et nous occupe : nous voulons rendre au vertueux Prélat dont nous déplorons la mort, des hommages dignes de la mémoire qu'il laisse parmi nous, dignes du respect et de l'affection qui nous attachèrent à lui.

Ce juste et pieux accord se manifeste de toutes parts. De quelque côté que nous portions nos regards, ils ne rencontrent que des regards attristés, que des signes funèbres.

Cette antique église, heureuse depuis tant d'années de la présence de son premier Pasteur, maintenant enveloppée de deuil comme une veuve inconsolable, suspend ses prières et ses cantiques pour entendre parler de lui. Les anciens de la tribu sacrée, courbés sous le poids de leurs pénibles impressions bien plus que sous leurs travaux et leur vieillesse, gémissent, étonnés de survivre à leur chef, à leur modèle. Les jeunes lévites, accoutumés au doux nom qu'il leur donnait dans sa tendresse, se pressent autour des autels, qu'ils arrosent de leurs larmes. Les fidèles de tous les rangs se rapprochent et se confondent pour pleurer ensemble sur ses restes ; le silence et le recueillement nous environnent, la douleur et l'amour nous demandent des souvenirs et des consolations. Nous croyons, et cette pensée est bien propre à soutenir notre faiblesse, nous croyons être au milieu d'une famille désolée qui ne reverra plus le père qu'elle chérissait, et qui demande à l'un de ses fils de rappeler encore et ses exemples et sa vie, avant que la tombe se ferme pour toujours.

Cependant, en présence de l'attente générale, nous regretterions peut-être l'engagement que nous avons contracté, si nous sentions moins vivement le besoin d'acquitter le tribut de notre propre reconnaissance. Mais les calculs impuissans d'une éloquence étudiée feraient injure à celui que nous nous proposons d'honorer; son cœur a dirigé ses actions et sa conduite; c'est le cœur qui doit dicter son éloge: c'est dans vos cœurs et dans le nôtre que nous devons puiser toutes nos inspirations.

Nous ne vous apprendrons rien de nouveau: Vous savez qu'il fut aimé de Dieu et chéri des hommes: *Dilectus Deo et hominibus.* Nous ne voulons que répéter ce que l'opinion générale a déjà proclamé; heureux, dans cette triste mais glorieuse circonstance, de pouvoir dire sans crainte d'être démenti. Pas une voix ne troublera le concert de bénédictions qui s'élève de toutes les bouches; pas une âme ne restera froide au récit de ses vertus; ceux qui nous écoutent nous reprocheront au contraire de n'avoir pas égalé les louanges aux mérites. Nous n'oublierons pas, toutefois, que nous devons à l'honneur de notre Evêque et à la dignité de cette assemblée, de régler le cours de nos idées et de classer les traits qui vont passer sous vos yeux. A Dieu ne plaise que nous desséchions les larmes, que nous repoussions des émotions qu'il serait impossible de comprimer; mais nous chercherons à mettre de l'ordre jusque dans les mouvemens dont nous sommes si profondément agité.

La vie de notre pieux Pontife se présente d'elle-même sous deux aspects, qui diviseront naturellement ce discours. Homme public et revêtu des fonctions les plus élevées, il fut mêlé aux événemens qui agitèrent sa longue carrière comme les vagues d'une mer irritée, ou qui consolèrent sa belle âme comme des émanations de la paix du Ciel. S'il garda toujours, dans l'exercice de son autorité, la modération, la sagesse, la prudence qui convenaient à son ministère, c'est que la piété, la régularité, l'amour de la prière présidaient à ses déterminations et répandaient sur ses actes une onction céleste.

Homme privé et dans le secret de ses habitudes intérieures, sa douceur, sa charité, sa foi dans les destinées immortelles de l'Eglise, sa confiance dans la croix du Sauveur découvraient à ceux qui jouissaient de son intimité, le véritable principe de ses œuvres: elles coulaient toutes pures de la source de ses sentimens.

S'il n'avait été qu'un simple prêtre et qu'il eût fini ses jours dans l'obscurité, ses funérailles n'auraient pas ému les habitans de cette ville, elles n'auraient pas retenti jusqu'aux confins d'un vaste diocèse; mais il n'aurait pas moins mérité de servir d'exemple aux amis du bien, aux pasteurs des peuples. La Providence n'a pas permis que les dons qu'elle lui avait faits s'éteignissent dans l'ombre; ils ont brillé pour nous du plus salutaire éclat. Rendons-lui grâce de ses faveurs et entrons dans ses desseins, en racontant d'abord les œuvres qu'elle inspire, et en décrivant ensuite les vertus qu'elle couronne. Tel est le partage de l'éloge que nous consacrons à la mémoire de Monseigneur l'Illustrissime et Révérendissime Charles Montault Des Isles, évêque d'Angers.

PREMIÈRE PARTIE.

Vous ne vous étonnerez pas de nous voir passer rapidement sur les premières années de notre vénérable Prélat. Les bornes que nous avons dû nous prescrire, et plus encore l'abondance de notre sujet nous pressent d'arriver au jour qui nous permit de le connaître et de l'apprécier. Que d'événemens mémorables se sont succédés, que de changemens ont étonné le monde depuis cette époque! Que d'habitans de cette ville qui saluèrent son entrée de leurs vœux et de leurs espérances, sont descendus avant lui dans le tombeau!

Monseigneur Montault naquit dans une famille honorable, environnée de l'estime publique, qu'elle se transmet de génération en génération, comme un héritage sur lequel ses principes et sa conduite lui assurent d'incontestables droits. Ce département conserve le souvenir de la trop courte administration d'un magistrat aussi bienveillant qu'intègre, élevé comme notre évêque, dont il était le frère aîné, par une mère pleine de tendresse et de fermeté, capable, pour le bonheur de ses enfans, de suppléer aux conseils et à la direction de leur père, qu'une mort prématurée avait enlevé à ses devoirs et à ses affections.

Des études consciencieuses et solides, une jeunesse exempte des écarts que le monde excuse presqu'aujourd'hui, tant les naufrages sont fréquens dans cet âge des tempêtes, le portèrent promptement au but vers lequel il avait d'abord dirigé sa carrière. Il n'avait pas encore vingt-trois ans, qu'il était reçu avocat au parlement de Paris.

La justesse de son esprit, son application au travail, son aptitude aux affaires et jusqu'aux avantages physiques de sa personne lui promettaient des succès: la fortune souriait à ses débuts. L'engoûment fanatique d'une philosophie sans principes, dont les adeptes étaient assurés de trouver partout des protecteurs tout puissans, tendait à son inexpérience, à son isolement au milieu des dangers de la capitale des piéges, hélas! trop propres à le séduire. Il eut le bonheur d'échapper à la contagion, qui étendit ses ravages sur la moitié du dernier siècle et glaça presque toutes les âmes du froid mortel de l'incrédulité.

Ce fut sans doute la vue des périls de la Foi qui l'engagea alors à inscrire son nom dans la milice du Sanctuaire. Il était digne de sa générosité de monter sur le vaisseau toujours agité du Catholicisme, au moment où des bruits encore lointains mais sensibles annonçaient de nouveaux orages et des flots plus menaçans.

On raconte qu'avant cette démarche solennelle, il avait donné une preuve bien touchante des heureuses dispositions qui ont si souvent fait bénir son inépuisable charité. Il apprend, au milieu de ses condisciples, joyeux comme lui d'avoir reçu l'argent nécessaire à leurs besoins, qu'une mère de famille va perdre sa liberté; elle n'avait pu fléchir un créancier sans miséricorde. Il la suit jusqu'à l'obscure prison, qui déjà se ferme sur elle. Au prix de tout ce qu'il possède, il la rend à ses enfans désespérés. Pour lui, après ce généreux sacrifice, il se soumet en silence aux privations qui en sont la suite : ses parens ne pouvaient les adoucir; car ils ne les connaissaient pas. Ainsi la Sagesse éternelle le couvrait de son bouclier, le préservait de la corruption et de l'égoïsme en lui inspirant un admirable essai du dévoûment sans bornes qui plus tard le rendit si accessible à toutes les souffrances. Destiné par elle à devenir un instrument d'autant plus utile à ses desseins qu'elle devait un instant l'abandonner à lui-même pour qu'il comprît mieux le néant des pensées humaines, elle le conduisait comme par la main au sacerdoce, dont il devait être un jour le restaurateur et le soutien.

Il exerçait les modestes fonctions de vicaire dans sa ville natale, lorsqu'un roi dont la France honore les vertus et déplore la fin injuste et sanglante, appela des conseillers et des amis autour du trône antique, à l'ombre duquel avaient fleuri les lumières et la prospérité publique. L'histoire atteste qu'au sein d'une assemblée où brillèrent les plus beaux talens, où combattirent avec zèle des hommes désintéressés qui ne demandaient que le progrès de la civilisation, l'ambition et l'orgueil eurent aussi leurs brûlans organes, leurs funestes représentans. Les chants de la liberté, si doux aux oreilles françaises quand ils sont réglés par l'amour de l'ordre et par l'esprit de conservation, devinrent des cris de délire, qui ébranlèrent les têtes les plus sages et les empêchèrent de se reconnaître dans le choc tumultueux de tant d'idées audacieuses. L'assemblée nationale, en imposant au clergé des réformes, qu'il appelait lui-même de tous ses vœux, oublia qu'aucune main d'homme n'a le droit de déplacer la pierre angulaire de l'Unité Catholique, la souveraineté spirituelle du Vicaire de Jésus-Christ.

La constitution civile du clergé est jugée ; personne ne se lèvera pour la défendre. Le patriarche de cette église éphémère, l'ancien évêque d'Autun, s'enfuit bientôt loin de son œuvre et l'abandonna à sa courte et fatale destinée. Nous l'avons vu, au terme de sa longue existence, tourner ses yeux déjà voilés des ombres de la mort vers Rome, dont il avait méconnu le pouvoir. Il a fallu pour qu'il mourût en paix, que l'espérance d'obtenir grâce du père commun des fidèles descendît sur sa tombe entrouverte, comme un rayon de la divine miséricorde.

Messieurs, si nous rappelons ici une époque d'erreurs et de calamités, aucune amertume, aucune récrimination ne se mêle à nos pensées.

Si la vérité nous force à parler d'une faute effacée par tant d'années de repentir, vous le savez, ô vénérable Père, vous qui avez connu et notre respect inaltérable et notre amour filial, nous ne faisons que remplir vos intentions et répéter vos humbles aveux ; vous fûtes, il est vrai, entraîné bien loin de la voix tracée par la pureté de votre vie et l'humble soumission de votre cœur; mais cet égarement passager, dont l'aveu fit couler tant de larmes d'attendrissement , ne s'est-il pas changé pour vous en un titre de gloire ? Saint Pierre se reprocha sa faiblesse jusqu'au pied de la croix qui servit d'instrument à son martyre : n'est-elle pas pour nous un sujet de consolation et d'espérance ? C'est assez d'avoir cité ce grand nom : les enfans de l'Eglise nous comprennent, ils savent toute la joie que cause au Ciel un pareil retour.

Mais il ne suffisait plus d'avoir accepté la nouvelle organisation de l'église de France, violemment séparée de son chef, tombé lui-même sous le poids de la persécution. Le crime régnait alors; il fallait applaudir à ses actes et partager son horrible triomphe. L'évêque constitutionnel de Poitiers avait pu céder à des circonstances difficiles ; il avait presque son excuse dans la bonté naturelle de son cœur; mais il ne pouvait pas cesser d'aimer sa patrie et ses frères. Sa modération constante et les services sans nombre qu'il avait rendus aux victimes de la tyrannie suscitèrent contre lui une accusation capitale: le tribunal qui devait le juger n'en connaissait pas d'autre. Il est mandé à la barre de la convention. Sa tête va tomber comme tant d'autres têtes que ni l'estime universelle, ni l'éclat de la plus haute renommée, ni les lauriers de la victoire elle-même n'ont pu préserver de la hache sanglante. La Providence, qui le réservait pour faire oublier ces mauvais jours, ne permit pas qu'une vie si chère fût tranchée par la main du bourreau. Les hommes qui versaient le sang avaient subi le juste arrêt de la vengeance publique la veille même de son arrivée. Ils n'eurent pas le temps de déchirer la proie qui venait se livrer à leur rage de tigre.

Nous avons rempli un devoir. La sincérité de nos éloges et notre attachement à la mère de toutes les églises exigeaient que ces ombres fussent d'abord placées au fond du tableau; elles en feront mieux ressortir les traits. Nous n'aurons plus à exprimer que l'admiration et la reconnaissance.

Cependant la France, fatiguée des œuvres meurtrières de la haine et de l'impiété, commençait à lever vers le Ciel ses yeux mouillés de larmes.

Ses enfans regrettaient la douce majesté des fêtes catholiques, trop long-temps interrompues, et les dogmes consolans de la foi de leurs pères souriaient à leurs cœurs désolés. Ils n'avaient rien trouvé dans les pompes inanimées d'un culte étrange inventé par l'orgueil, qui pût adoucir les maux qu'ils avaient soufferts.

Rome avait proclamé un nouveau pontife, anneau précieux de la chaîne miraculeuse qui, depuis dix-huit siècles, fait remonter l'Eglise à son divin fondateur. Un jeune guerrier, dont la victoire plus rapide que la foudre avait déjà porté le nom jusqu'aux extrémités de la terre, saisissait d'une main puissante le sceptre de l'opinion parmi nous. En vain les passions mal éteintes murmuraient autour de lui. Les Français, ivres de sa gloire, qui rejaillissait sur eux, lui remettaient avec enthousiasme leurs brillantes destinées : ils étaient persuadés qu'un héros n'abuserait jamais de leur confiance.

Soit que l'œil d'aigle de Napoléon eût vu qu'il ne pourrait ni rétablir l'ordre ni fonder sa puissance sans le secours de la Religion, soit plutôt que celui qui dirige les pensées des hommes suivant sa volonté, eût incliné vers des desseins de paix et de miséricorde la tête puissante qui devait bientôt commander à l'Europe entière, un concordat fut conclu aux conditions les plus favorables pour le temps où il fut mis à exécution. Mgr Montault, réconcilié avec le souverain Pontife, dont il avait humblement imploré l'indulgence, arrive au milieu de nous Evêque catholique, Pasteur légitime, brûlant de relever les autels abattus et d'en réunir les débris dispersés.

Illustres Evêques d'Angers, qui fîtes, pendant quatorze siècles, la gloire de cette contrée; vous avez craint peut-être que votre ancien troupeau ne fût délaissé pour toujours : rassurez-vous; sortez de votre poussière, venez au-devant d'un successeur digne de vous; ouvrez-lui le sanctuaire, qu'il va purifier comme le retour du soleil dissipe les nuages et la tempête.

Ce fut, en effet, un beau jour que celui où le Prélat, précédé des marques de son autorité bienfaisante, monta pour la première fois les degrés de l'autel. Entouré d'une foule attentive et religieuse, émue d'un spectacle devenu nouveau pour elle, il offrit la victime qui efface les péchés du monde pour cette ville, pour son diocèse, pour les bons et pour les méchans, avec la dignité et la grâce qui éclataient sur son visage, avec le recueillement et la piété qui l'accompagnaient toujours dans ses augustes fonctions.

A partir de cet heureux moment, le succès de

son épiscopat fut assuré. Les prêtres que le malheur des temps avait fait chanceler, se rangèrent autour de lui, à la suite des confesseurs de la Foi. Ils demandèrent la paix, dont leur conscience éprouvait le besoin : ils la trouvèrent dans ses bras paternels, ouverts pour les recevoir et pour les consoler. Les fidèles, désabusés des imputations mensongères qui avaient ébranlé leur soumission, s'étonnaient de trouver près de leur Evêque un accès si facile, un accueil si bienveillant. Ils répétaient, en le quittant, les paroles de douceur et d'onction qu'ils avaient entendues, et faisaient partager à leurs familles les salutaires impressions dont ils étaient pénétrés. La face de l'Anjou était changée, les temples s'ouvraient de toutes parts, nos saintes solennités étaient célébrées par des chants de triomphe. Les chaires retentissaient des leçons de l'Evangile, si propres à calmer les passions; les accens des fidèles reconnaissans s'élevaient vers l'auteur de ces faveurs inattendues, les bienfaits de la Religion reprenaient leur cours.

Il est vrai que parmi les ecclésiastiques qui avaient traversé sans fléchir les flots de nos dissentions religieuses quelques-uns, semblables au frère de l'enfant prodigue à la porte du festin de famille, murmuraient avec lui et refusaient de s'unir aux sentimens d'indulgence dont ils étaient témoins. Quelle sera notre récompense, disaient-ils, à nous qui avons défendu la Foi menacée, s'il traite avec tant de bonté ceux qui l'ont abandonnée aux jours de ses plus rudes combats? Mais ces plaintes, excusables peut-être après des épreuves si glorieusement soutenues, cessèrent bientôt de se faire entendre. Hélas! ils ne le connaissaient pas; ils ne savaient pas quelle place leur était réservée dans ce cœur, qui rendait à chacun bien plus qu'il ne recevait lui-même.

Saint Bernard écrivant autrefois à un Evêque nouvellement élu, l'exhortait à effacer, par la sainteté de son ministère, ce qui avait été moins exemplaire et moins parfait dans sa vie précédente (1). « Alors, ajoutait ce grand docteur, nous » reconnaîtrons que vous avez reçu la bénédic- » tion et la douceur, que vous avez été établi » serviteur prudent et fidèle pour conduire la » famille de votre maître, et nous croirons qu'un » jour vous serez regardé comme un fils heu- » reux et puissant qui doit hériter de tous les » biens de son père. »

(1) Ep. 1 Ad Ardutionem.

Ces conseils et ces vœux de l'illustre abbé de Clairvaux ne sont-ils pas l'abrégé des œuvres de notre Prélat? Le voyez-vous dès les premiers pas de sa nouvelle carrière diriger tous ses efforts vers sa plus importante obligation, la succession du ministère pastoral. L'ancien clergé de notre pays avait été décimé par le glaive et l'exil. Les ordres religieux, qui jadis venaient en aide aux pasteurs surchargés, avaient disparu dans nos tourmentes. Mgr Montault, plein de confiance dans les secours de la Providence, les seuls dont il pût alors disposer, réunit dans son propre palais quelques élèves qui demandent le sacerdoce. Il appelle la jeunesse religieuse à entrer courageusement dans une vocation devenue étrangère aux attraits de la chair et du sang; mais qui promet au zèle des travaux et des couronnes. Ce fut là le berceau du grand séminaire, aujourd'hui si florissant. Ce fut là qu'un savant Evêque, que nous avons vu accompagner de ses regrets celui qu'il regardait comme son père, trouva des exemples et des leçons, qui portent des fruits si utiles à l'Eglise.

Cet état précaire ne dura pas long-temps. Dieu bénit le généreux dessein dont il était le premier auteur. Monseigneur obtint ce qu'il désirait le plus, un établissement spacieux et convenable.

Il a goûté jusqu'à ses derniers momens la consolation la plus douce pour lui : il la méritait bien. Il a vu croître sous ses yeux, dans la piété et dans la science une tribu tout entière de jeunes ecclésiastiques, qui ont répondu à ses désirs et réjoui sa vieillesse, comme autrefois les enfans d'Aaron entouraient de leur amour et de leurs hommages le saint pontife Onias, dans les fêtes de Sion.

Mais nous oublions que le temps s'écoule et s'enfuit avec nos paroles. Et pourtant nous avons à peine commencé l'énumération des actes les plus importans de l'illustre défunt. Que pouvons-nous, faibles orateurs, pour célébrer des œuvres divines. Leur nombre et leur éclat ne sert qu'à montrer notre impuissance.

Uni par le fond de ses entrailles à tous les amis du bien, occupé jour et nuit du troupeau dont il était le père, toujours disposé à prêter l'appui de ses conseils et de ses bienfaits aux entreprises utiles, l'Evêque d'Angers a créé ou protégé d'une manière efficace des ressources pour tous les besoins, non-seulement dans cette ville mais dans les plus pauvres paroisses de son diocèse. On avait vu un désert aride, une terre bouleversée par un orage : elle est devenue, à la sueur de son front, une contrée fertile où fleurissent à la fois l'instruction des pauvres, objet constant de sa sollicitude, le soin des malades, les encouragemens donnés au repentir, les asiles consacrés à la piété et à l'innocence, l'éducation offerte à toutes les classes de la société par des maîtres habiles et vertueux, par des femmes admirables, qui s'arrachent volontairement à la tendresse de ceux qui leur ont donné le jour, qui renoncent à élever des enfans, soutiens de leurs vieilles années, pour devenir les mères d'une famille innombrable, que la confiance jette dans leurs bras.

Rien ne l'arrêtait quand il fallait venir au secours de l'Eglise ou de l'humanité souffrante. Il ne désespérait jamais de l'avenir d'une œuvre qui intéressait la gloire de Dieu ou le salut de son peuple.

Plus d'une fois ses petits séminaires, pépinières fécondes qu'il aimait, pour ainsi dire, à cultiver de ses propres mains, comme la plus précieuse portion de son domaine, ont causé des craintes à la charité publique, sur laquelle ils reposent. Des événemens inattendus ont entravé leurs succès, troublé le calme indispensable aux études : il les a soutenus, relevés lorsqu'on pouvait les croire sur le penchant de leur ruine; il les a laissés mieux établis que jamais. Ne dirait-on pas que dans ses communications si ferventes et si pures avec le Maître souverain des hommes et des choses, il avait obtenu d'user de sa puissance, comme il avait reçu le don de retracer sa bonté?

Malgré nos efforts, nous n'avons donné qu'une bien faible idée de l'heureux passage du saint Prélat parmi nous; mais, comparez vous-mêmes l'état prospère de nos églises, de nos établissemens, de nos communautés religieuses, avec les débris et le dénûment des premières années de son administration.

Rappelez-vous combien d'hommes à caractères différens, à impressions diverses, ont exigé de sages ménagemens; combien d'années de guerre extérieure ou de divisions intestines, de craintes universelles ou de malheurs réels, combien de changemens imprévus daus la direction ou dans le principe même de l'autorité, ont pesé sur sa longue vie sans arrêter le cours de ses louables entreprises, et vous comprendrez tout ce qu'il y avait de constance, de modération et de prudence dans sa conduite. Sans autre pouvoir que celui que donne la confiance générale, il commandait à tous avec un tel succès, qu'il n'y a point eu pour lui de temps difficiles, ou du moins d'obstacles insurmontables. On ne pouvait le voir, on ne pouvait l'entendre, sans entrer dans ses vues. On se sentait comme subjugué par la dignité de ses traits, la noble simplicité de son langage et la justesse de ses idées. Il rappelait, par cet ascendant salutaire, les Evêques des premiers temps, que la vénération des peuples a placés au Ciel.

Il faut le dire, Messieurs, pour l'instruction de tous : cet assentiment unanime, il le devait surtout au calme qu'il a gardé dans les occasions les plus capables d'égarer les bonnes intentions elles-mêmes en les poussant au-delà des bornes. Tout entier à ses devoirs de Pasteur, étranger aux passions qui ont ébranlé le sol de notre patrie et porté la division jusqu'au sein de nos familles, il n'approuvait pas toujours, mais il ne condamnait jamais avec amertume. Ministre de l'Evangile, il savait que le royaume de Jésus-Christ n'est pas de ce monde. Ami de la paix, il la conservait avec tous autant qu'il dépendait de lui, suivant le conseil du grand Apôtre. Sacrificateur de la victime de propitiation, il l'offrait chaque jour pour tous les hommes ; il lui confiait, dans le secret de son cœur, ses vœux et ses espérances ; mais il se souvenait que nous n'avons d'autres armes que la prière, nous qui prêchons que les événemens et leurs conséquences sont dans la main de celui qui renverse et relève à son gré les empires.

Une seule circonstance, mais grave et solennelle, le força de montrer qu'un Evêque, à qui l'Esprit-Saint a confié la garde de l'Eglise, ne peut sacrifier ses intérêts aux puissans de la terre.

L'Italie était devenue notre conquête. La Ville éternelle, veuve de son souverain, captif et gémissant, avait perdu son indépendance, pourtant si convenable, si nécessaire à l'honneur de la religion catholique. L'auguste vieillard qui reçoit de toutes les parties de l'univers le titre de père, et qui exerce son autorité pacifique jusque sur les habitans des îles les plus reculées, était menacé dans l'exercice de ses droits. Quoique les destinées du Catholicisme reposent sur des promesses divines, il était pourtant agité de crainte et de douleur. L'univers chrétien attendait, dans le saisissement et la terreur, l'issue de ce combat singulier entre le maître de l'Europe, tremblante sous le poids de ses phalanges innombrables, et l'humble successeur de saint Pierre, déjà enchaîné sous l'ombre menaçante des aigles victorieuses. Les évêques de France sont réunis, non pour prêter leur appui à la faiblesse, mais pour seconder les projets de l'homme du destin, comme il s'appelait lui-même.

On ne sait quel motif causait de l'hésitation,

pendant ce grand conflit, à celui qui n'hésitait jamais. Peut-être une impression divine passait malgré lui dans son cœur irrité pour en calmer la fougue; peut-être, un souvenir importun de sa reconnaissance pour le vénérable pontife qui l'avait appelé son fils, en ceignant sa tête du diadême de Charlemagne, en arrêtait les flots. Il était au jour de sa plus haute fortune et son impétuosité n'osait briser les liens qu'il avait renoués lui-même sans donner à la violence une apparence de justice. Il pousse les chefs de l'église gallicane, appelés à discuter sa querelle, vers l'indépendance ou plutôt vers la servitude, puisque l'Unité Catholique est la mère et la gardienne de la vraie liberté. L'épiscopat se montra digne de lui-même et de sa gloire passée. Notre Evêque, dont les habitudes étaient si contraires à toute opposition, soutint la colère d'un souverain tout puissant avec la fermeté d'une conscience indépendante et le calme d'un confesseur de la Foi.

La Providence veilla encore cette fois sur le dispensateur de ses dons. Elle le ramena parmi nous avec un titre de plus à notre vénération : il sortait pour ainsi dire de l'arène, portant encore les marques de la lutte courageuse qu'il avait soutenue et la tête ceinte, comme un athlète généreux, des palmes de la victoire. Il reprit aussitôt le cours de sa vie si humble et si modeste qu'il consacrait tout entière à son troupeau. Vous savez qu'il ne nous quittait jamais, qu'il ne se plaisait qu'avec nous. Quand il s'éloignait de cette ville, qui lui était chère, c'était uniquement pour porter aux autres membres de sa nombreuse famille les grâces qu'il devait à tous ses enfans. Quelle est la paroisse qu'il n'ait pas visitée, l'église qui n'ait pas joui de sa présence? quel est l'autel, si modeste qu'il fût, sur lequel il n'ait pas offert le divin Sacrifice, pour les pauvres pressés autour de lui, pour les enfans, qui s'approchaient de lui sans crainte, parce qu'ils devinaient son cœur de père à je ne sais quelle onction mystérieuse, qui les charmait en les attirant? quel est l'établissement destiné aux études de la jeunesse dont il n'ait encouragé les travaux et embelli les fêtes? quel est l'heureux vainqueur dans les combats non sanglans de cet âge, qui ne se souvienne aujourd'hui combien un prix décerné par ses mains causait de joie au cœur de sa mère attendrie? On a dit de lui, et on ne pouvait mieux le peindre, ce que l'Esprit a dit du Fils de Dieu lui-même: Il a passé sur la terre en faisant le bien.

Arrêtons-nous ici. Nous sentons que nos forces

s'épuisent et que nous avons besoin de reprendre haleine. Nous vous avions promis le tableau d'une vie dont chaque jour mériterait d'être retracé dans tous ses détails. Si nous n'avons pas rempli votre attente, nous en avons fait assez peut-être pour que vous nous sachiez gré de notre bonne volonté et que vous continuiez votre indulgence à la seconde partie de cet éloge.

DEUXIÈME PARTIE.

MESSIEURS,

Nous vous avons annoncé qu'après le tableau de la vie publique de notre saint Evêque, nous essaierions de vous dévoiler les secrets de son intérieur et de vous introduire, qu'il nous soit permis d'employer cette expression, dans le sanctuaire de son âme. Vous vous plaindrez, sans doute, de n'avoir entendu qu'un récit incomplet et décoloré: nous sommes convaincu nous-même de l'imperfection d'une esquisse tracée à la hâte et, pour ainsi dire, au bruit de nos travaux journaliers: aussi en avons-nous appelé à votre témoignage et nous sommes-nous reposé sur vos souvenirs: cet appui ne pouvait nous manquer. O vénérable Pontife! si les ombres du trépas vous enveloppent vous vivez néanmoins parmi ces fidèles, qui vous furent si dévoués; vous vivez et vous vivrez toujours dans le sentiment profond de leur reconnaissanee. Vous serez le sujet de leurs plus doux entretiens; leurs enfans apprendront à chérir votre mémoire, et regretteront de n'avoir pas partagé avec leurs pères le bonheur d'être témoins de vos œuvres.

Maintenant, nous ne remplirions pas le dessein que nous nous proposons, si nous nous bornions à répéter encore ce que chacun de vous se plaît à raconter. Sans doute Monseigneur Montault était généralement connu par la droiture de ses intentions, par la douceur et l'égalité de son caractère, par la générosité de son cœur; sans doute sa foi égale à celle des premiers siècles, sa piété constante et sincère, son admirable régularité lui avaient concilié des respects unanimes; mais il est juste que ces heureuses qualités, que ces vertus vraiment dignes de l'épiscopat, qu'il couvrait avec tant de soin des voiles de la modestie, jouissent maintenant, qu'il ne peut plus nous imposer silence, d'un éloge fondé sur des révélations qu'il n'aurait jamais permises.

C'est à vous surtout, Ministres des autels, à

vous sa famille bien-aimée, que nous adresserons nos paroles: *Ad vos, mandatum hoc, ô sacerdotes :* (1) c'est à nous de publier ses exemples, à nous de les imiter.

Heureux enfans! nous n'avons besoin que de connaître notre père et de marcher sur ses pas pour devenir parfaits. Oh! si notre douleur, qui s'accroît et s'élève à mesure que nous approchons du moment fatal, nous rend plus cher le modèle que nous avons perdu, la vérité ne nous forcera-t-elle pas d'avouer en sa présence que nous sommes bien loin du but qu'il nous a marqué?

Pour se faire une juste idée des vertus privées de notre Prélat, il ne faut pas oublier que les fonctions épiscopales sont environnées de difficultés sans nombre. Nous ne sommes plus aux jours où la Foi dirigeait toutes les pensées et soumettait à son joug toutes les volontés. Les fonctions divines n'ont sans doute rien perdu de leur haute importance: leur action sur la masse des catholiques est immense; mais les hommes du siècle ne les jugent peut-être pas avec assez d'indulgence.

C'est une vérité reconnue, que plus le monde

(1) Malach. 2. 1.

se corrompt plus il devient sévère pour le sacerdoce. En effet, Messieurs, quels sacrifices ne demande-t-on pas à un évêque? Ce n'est pas assez qu'il renonce à ses goûts, à ses intérêts, à ses affections les plus légitimes; on veut qu'il se prête aux temps, aux circonstances, aux catastrophes imprévues, qu'il plie, pour ainsi dire, sa houlette de pasteur des âmes au souffle inconstant de ce qu'on appelle la fortune, qu'il n'irrite jamais ni les opinions, ni les partis: on veut que, dans les concessions qu'il fait au bien public, il garde néanmoins son caractère d'homme de Dieu qui ne cède jamais par faiblesse, qui ne résiste jamais par passion. On n'excuserait pas un oubli, on ne pardonnerait pas une erreur: il faut, comme le dit saint Jean Chrysostôme, qu'il brille de l'éclat de l'astre du jour et que les étoiles pâlissent et disparaissent devant lui.

Ne nous plaignons pas des obligations imposées à notre ministère, dont elles élèvent si haut la noble et sainte destinée. Reconnaissons qu'on ne peut trop demander à celui dont les décisions alarment ou rassurent les consciences, à nos chefs surtout, dont le nom recommandé d'âge en âge, par les plus honorables traditions, annonce que tous ont acquis le droit de compter sur leur dévoûment et de profiter de leur immolation. Mais souvenons-nous que l'homme abandonné à ses propres forces ou plutôt à sa faiblesse, ne peut ni atteindre à cette perfection, ni se tenir à cette hauteur plus qu'humaine. Aussi les esprits éclairés par la véritable sagesse, qui savent que tout don excellent descend du Père des lumières, confessent-ils en méditant la vie du saint Evêque, qu'elle appartient tout entière aux inspirations du Ciel, et que la nature, malgré ses largesses, n'a fait que préparer à la fécondité de la grâce une terre qui sans elle serait demeurée stérile. Quelque prodigue, en effet, que la nature se soit montrée envers lui, ce n'est pas elle qui lui a donné l'admirable ensemble de ses vertus, toujours égales, toujours au même degré pendant un demi-siècle d'épreuve; car, comme l'enseignent les Livres Saints: *Tous les hommes qui manquent de la science de Dieu sont pleins de vanité et d'inconstance: Vani sunt omnes homines in quibus non sub est scientia Dei* (1).

Ainsi nous nous plaisons à reconnaître son heureux naturel; nous jouissons, malgré nos regrets, du respect qu'imprime sa mémoire même aux âmes privées de la vie de la Foi; mais c'est un de-

(1) Cap. 13. 1.

voir pour nous de marquer la source à laquelle il puisa constamment les motifs de sa conduite: il est juste de rendre à sa piété ce que sa piété lui a fait obtenir : *pietas ad omnia utilis est.* C'est à elle qu'il a dû l'inépuisable bienveillance qui coulait de son âme comme une rosée bienfaisante sur les douleurs de ses frères : c'est elle qui attirait vers lui la confiance et ses doux épanchemens.

Vous vous le rappelez, hélas! il y a si peu de temps que nous l'admirions encore, son visage calme et pur, malgré les ravages de l'âge, ne portait-il pas l'empreinte de son union continuelle avec Dieu ? N'est-ce pas cette sérénité qui écartait toute crainte, qui éloignait toute inquiétude? Il était bon pour tous sans doute; mais n'est-ce pas encore à sa piété que le malheur et les souffrances devaient leurs priviléges et l'intérêt si tendre qu'il leur a porté?

Oh! combien vous avez reçu de pénibles confidences! combien de larmes secrètes ont coulé dans votre sein! combien d'espérances vous avez fait renaître! combien d'angoisses vous avez calmées! Image du meilleur des enfans des hommes, aux pieds duquel on déposait les malades et les infirmes, qu'il guérissait tous, si vous ne pouviez renouveler tous les prodiges de sa puissance (elle n'appartenait qu'à lui) du moins vous n'avez cessé d'en rappeler les effets par vos vœux et votre générosité. Qui l'a mieux connu que nous, ô mes chers confrères ? qui peut mieux que nous rendre témoignage de la douceur de son autorité comme du charme de ses conseils, nous, qu'il a dirigés dès nos premières études, qui fixaient son attention jusque dans les moindres détails, dont il voulait, comme un père glorieux des progrès de ses fils, juger par lui-même et l'objet et les résultats ? Quels encouragememens ne donnait-il pas à notre zèle, lorsqu'au sortir de la sainte solitude où il nous préparait au service des autels, il nous appelait près de lui et nous confiait le salut d'Israël comme Jésus-Christ confia à ses apôtres celui des nations, auxquelles il faisait annoncer les mystères de son amour ? Lorsqu'après de timides essais dans une carrière épineuse, nous venions lui raconter les bénédictions que le Ciel avait versées sur nos travaux, son front ne brillait-il pas d'une joie toute céleste ? ne partageait-il pas toutes nos satisfactions ?

Cependant, il arrive que le prêtre le plus dévoué aux œuvres de la Charité rencontre des obstacles, qui brisent ses desseins et qui répandent dans son âme l'amertume et le découragement. N'est-il pas vrai que notre première pensée dans ces tristes circonstances se tournait vers lui? notre premier besoin était de recourir à sa longue expérience, de ranimer près de lui notre espoir prêt à s'éteindre et de chercher des consolations qu'un autre ne pouvait nous donner? avons-nous jamais craint qu'il refusât d'écouter le récit de nos épreuves? Comme un voyageur expérimenté, qui se souvient de ses fatigues et des dangers qu'il a courus, il nous recommandait la confiance, qui l'avait soutenu lui-même, la persévérance qui donne les succès qu'il avait obtenus et la couronne qu'il a méritée. Qui rendit jamais l'obéissance plus facile, l'obéissance, âme de la vie sacerdotale, sans laquelle la confusion détruirait la beauté de l'Eglise, en la couvrant des ombres de l'anarchie? Il ne commandait pas, il engageait, il exhortait, il priait, pour ainsi dire: la résistance aurait été criminelle; mais elle était impossible. Si pourtant quelques-uns de ses enfans ont parfois affligé sa tendresse, car pour quelles funestes illusions la volonté de l'homme n'est-elle pas capable de se passionner? dès que le repentir les avait éclairés, le souvenir de l'enfant prodigue dans les bras de son père leur assurait le pardon, qu'ils venaient réclamer avec assurance; ils savaient qu'il ne leur serait point refusé.

Pour lui, il ne craignait pas d'adresser des excuses à ceux même qui dépendaient de lui, lorsqu'une surprise involontaire l'avait induit en erreur. Il écrivait, ce sont ses propres expressions, à un prêtre qu'il craignait d'avoir contristé : (1) « En examinant bien ma conscience, mon cher curé, je suis très persuadé que j'ai au moins autant besoin d'indulgence que vous. Vous me demandez pardon, vous ne m'avez point offensé. J'ai bien vu par votre lettre que vous aviez du chagrin ; je n'aurais point dû vous l'occasionner. Si j'eusse agi avec plus de prudence dans l'affaire dont il est question, je vous aurais épargné ce désagrément. » Son inaltérable douceur, sa bonté toujours la même, sur laquelle ni les fatigues, inséparables de ses nombreuses occupations, ni les ennuis, compagnons trop assidus de la vieillesse et de ses infirmités, n'ont jamais fait passer leurs nuages, étendaient plus loin que les membres du Sacerdoce, nous l'avons déjà dit, leurs faciles et attrayantes inspirations. Tous les fidèles, ou plutôt tous les habitans de ce diocèse en ont recueilli les effets, sans distinction de position sociale, d'opinions politiques ou religieuses.

On parle de tolérance : on répète, sans le dé-

(1) Lettre au curé de Bouchemaine, 1812.

finir, un nom qui n'appartient essentiellement qu'à la religion catholique, quoique l'erreur l'ait souvent usurpé comme une belle et glorieuse enseigne. La tolérance, c'est l'amour de nos frères, alors même qu'ils sont égarés; c'est la miséricorde répandue à pleines mains sur leurs fautes, alors même que la vérité et la justice forcent de les condamner, c'est la séparation franche et sincère que la charité chrétienne établit entre l'homme et ses actes : elle sait qu'elle n'a pas le droit de réprouver celui à qui la patience de l'Eternel accorde le temps d'un retour salutaire. La véritable tolérance était si bien établie dans le cœur de l'Evêque d'Angers, qu'aucune occasion, quoiqu'il ait eu à franchir plus d'un pas difficile, ne lui a fait adresser un reproche. Il est vrai que ce mot est banni du langage que l'on emploie pour parler de lui.

Cependant, nous devons ici, pour préciser ses saintes habitudes et pour en faire de plus en plus ressortir le divin principe, revenir encore sur la préférence qu'il accordait à deux classes intéressantes, objets particuliers de l'amour de J.-C. lui-même. Imitateur fidèle du Fils de Dieu, descendu du Ciel pour assurer aux petits enfans, qu'il couvrait de ses baisers, le royaume de son Père, la pauvreté et l'enfance occupèrent constamment la première place dans ses affections.

Pauvres, vous êtes hommes ; malgré vos souffrances passagères, votre avenir est immortel et vous marchez comme les puissans et les riches du monde vers le terme de toutes les distinctions. Le tombeau nous confondra dans la même poussière. Pauvres, vous êtes chrétiens : vous reçûtes long-temps avant les maîtres de la terre l'annonce de l'ère nouvelle qui se levait pour les peuples, assis dans les ombres de la mort. Vous seuls entendîtes, autour du divin berceau qui renfermait l'espoir encore ignoré de l'univers, les chants angéliques qui montaient vers le Très-Haut, pour lui rendre gloire, et qui descendaient vers cette région désolée en promettant la paix aux hommes de bonne volonté. Pauvres, vous fûtes les premiers disciples de la Sagesse incarnée, vous portâtes jusqu'aux confins du monde la bonne nouvelle de son Evangile. Vous êtes la portion la plus chère du troupeau d'un évêque qui suit les pas du grand Pasteur : aussi le nôtre vous avait-il donné son âme tout entière.

Combien de fois l'avons-nous vu entouré des livrées de l'indigence ; suspendre sa marche, se séparer de ceux qui l'accompagnaient pour épargner à des infortunés, honteux de leur détresse, l'aveu public de leur état ! Ils le déposaient en secret dans son cœur ; et en secret sa main s'ouvrait pour les soulager. Trop attentif à cacher ses bonnes œuvres, dont il n'attendait point la récompense ici-bas, il nous a dérobé la part la plus touchante de son éloge. Et pourtant des voix s'élèvent, des soupirs se font entendre, des larmes s'échappent ; et si nous fixons les visages qu'elles inondent, nous reconnaîtrons que c'est des yeux des pauvres qu'elles coulent plus abondamment.

Il lui était moins facile dans ses visites pastorales, où un nombreux cortége l'environnait toujours, de suivre les vœux de son humilité. Ses aumônes au-dessus de ses ressources, ses discours empreints de l'onction de la Charité, ses démarches vers les cabanes et les chaumières avaient malgré lui des témoins. On nous permettra de placer ici, comme une preuve du mouvement spontané qui le portait vers l'indigence, un trait, d'autant mieux gravé dans notre mémoire que nous avons eu l'avantage d'en fournir l'occasion.

C'était au pauvre village qui a vu s'écouler nos plus heureuses années. Monseigneur devait le traverser rapidement pour atteindre sa station du soir. Le passage d'un évêque et d'un évêque tel que celui que nous attendions, avait ému la population tout entière. La route était bordée de familles chrétiennes, accourues pour réclamer au moins une bénédiction. Nous venions d'adresser quelques mots de consolation à l'une de ces mères qui sont nées, qui vivent et qui meurent dans les plus dures privations. Pour qu'il ne manquât rien au malheur de celle-ci, elle avait perdu son mari et ses enfans. Réduite au secours de la charité publique, elle gisait depuis plusieurs mois sur sa triste couche, qu'elle ne pouvait quitter, attendant sa délivrance et son départ pour le Ciel; car elle était pleine de foi et d'espérance. Et pourtant elle n'avait pas le courage de se résigner à sa seconde épreuve, celle d'être seule privée de la vue du bon Prélat. Elle témoignait son chagrin par ses pleurs intarissables. Il arrive; nous lui racontons cette scène, dont nous étions vivement ému. Il demande sa demeure, que nous lui indiquons. En un instant il est au chevet de la pauvre femme, étonnée, ravie d'une faveur si peu attendue. Des paroles telles que l'amour de Dieu les inspire, accompagnées d'une abondante aumône, charmèrent, jusqu'à son dernier soupir, cette âme souffrante, qui avait cru voir briller, avant son trépas, une vision de la béatitude céleste.

On peut dire que de la pauvreté à l'enfance il n'y a qu'un pas, tant l'une et l'autre ont besoin de protection. On observe généralement dans les enfans nés au sein du Catholicisme, une disposition si remarquable à s'approcher des ministres de la Religion, qu'on ne peut l'attribuer qu'à la grâce du baptême ou à une sorte d'instinct, qui naît de leur pureté et qui les porte, sans qu'ils s'en rendent compte, vers ceux qui seront un jour chargés de conserver en eux la fleur de l'innocence, trop prompte, hélas ! à se flétrir. Partout, les prêtres sont accueillis par le sourire de cet âge intéressant, qui dépose près d'eux sa timidité naturelle. Il semble que l'invitation sortie d'une bouche divine : laissez les petits enfans s'approcher de moi, les attire encore, après tant de siècles, vers ceux qui doivent représenter le Sauveur.

Ce trait de ressemblance ne pouvait manquer à notre vénérable Evêque. Les enfans avaient pour lui un charme inexprimable ; il était pour eux d'un invincible attrait. Il aimait leur langage naïf, leurs réponses pleines de candeur ; il se plaisait à les faire parler. Il s'identifiait à leurs joies si fragiles, à leurs chagrins si tôt oubliés. Il les bénissait avec un ineffable plaisir.

Vous trouvez peut-être que nous nous arrêtons long-temps sur ces détails ; mais n'est-ce pas dans la simplicité de ce tableau que vous verrez plus clairement tout ce qu'il y avait de tendresse et de bonté dans le cœur du saint Vieillard? Au moment même où le froid de l'agonie commençait à engourdir ses membres, où ses yeux appesantis ne s'ouvraient plus que par intervalles à la lumière du jour, la présence d'un enfant qui lui était cher lui rendit ses forces : il en retrouva pour l'embrasser et le bénir. Ah! ce n'est pas vous du moins, mères chrétiennes, qui nous reprocherez d'épuiser un pareil sujet : nous sentons trop que nous sommes d'accord avec vos pensées, et que nous n'avons décrit que vos souvenirs et vos regrets.

Ainsi, dans ses habitudes les plus ordinaires, comme dans les actes de son importante mission, notre pieux Evêque a mérité la vénération universelle, dont il reçoit des marques si éclatantes.

Nous croyons avoir le droit de le redire: l'homme abandonné à lui-même ne se soutient point à la hauteur de la perfection. Toujours quelques inégalités, dans le cours d'une longue existence, échappent à son attention et signalent sa fragilité : on aperçoit des taches sur le disque du soleil. La nature, déchue de sa noble origine, ne remonte vers le bien qu'à l'aide du Tout-Puissant, et le Tout-Puissant n'assiste que ceux qui l'invoquent. Aussi

Monseigneur avait-il placé sa confiance dans les exercices continuels de sa fervente piété.

Ce qu'il y a de plus édifiant peut-être dans la suite de tant d'années, et jusque dans les affaiblissemens de la vieillesse, c'est la régularité de chaque jour, constamment égale à celle du jour précédent. Tout fut arrêté, réglé, distribué pour sa vie entière dès qu'il fut revêtu de l'épiscopat; il ne se départit jamais de cet ordre invariable, qui lui donnait le temps de suffire à tout. Etranger aux réunions du monde, où il aurait porté des formes si convenables et si gracieuses, il ne se délassait de ses travaux que par la prière. Son amour pour Jésus-Christ était admirable, sa confiance dans l'adorable sacrifice de la Croix allait jusqu'au ravissement. Il en parlait sans cesse; sans cesse il répétait les oracles des prophètes qui l'avaient annoncé. On voyait que son plaisir était de répandre autour de lui les divers sentimens dont il était rempli; il ne se mêlait à d'autres entretiens que par nécessité ou par complaisance: la bouche parle de l'abondance du cœur.

Hélas! quand nous tournons nos regards vers l'autel où, pendant plus de trente sept-ans, les fidèles s'unirent chaque jour à l'offrande de la victime sans tache présentée par vos mains, ô pieux Pontife; quand nous nous reportons à ces fêtes solennelles dont vous étiez le plus bel ornement, à ces ordinations nombreuses, par lesquelles vous renouveliez la jeunesse de l'Eglise, à ces réunions sans cesse renaissantes d'enfans nourris pour la première fois du pain des anges, que vous affermissiez dans la grâce par les dons de l'Esprit-Saint; quand nous nous rappelons ces retraites ecclésiastiques où votre présence continuelle produisait des effets si touchans; et quand au milieu de ces souvenirs, nous nous disons: nous ne vous verrons plus; nous ne vous entendrons plus; quand nous pensons que des illusions trop chères dirigent encore nos yeux vers le siége accoutumé que vous n'occuperez plus, et qu'elles vont s'affaiblir et disparaître devant la triste réalité de votre mort, alors notre douleur égale la douleur du prophète pleurant d'irréparables pertes, et nous ne pouvons plus que redire ses gémissemens: *dolor meus super dolorem : in me cor meum mœrens* (1).

Déjà son grand âge et la diminution progressive de ses forces faisaient naître des inquiétudes trop fondées. On voyait, cette année surtout, qu'il ne se soutenait dans les offices publics que par le zèle que lui inspirait sa plus vive ferveur à

(1) Jérem. 8. 18.

mesure qu'il approchait du moment suprême. Sa haute taille se courbait malgré lui sous le joug des années, sa démarche chancelante effrayait notre tendresse, son visage s'éteignait sous les ombres croissantes de la tombe, qui allaient bientôt le couvrir tout entier.

Vous vous rappelez sa dernière chute dans cette église, où, malgré les prières les plus pressantes, il avait voulu paraître, comme pour faire ses adieux à son troupeau. Tout à coup il chancelle, il tombe; on le transporte à la hâte sur son lit de mort: il ne devait plus le quitter. Vous savez quelles désolantes paroles retentirent aussitôt dans cette ville affligée: *Monseigneur ne se relèvera pas.*

A cette nouvelle désespérante, un seul sentiment occupe toutes les âmes. Dans les familles, dans les rues, sur les places publiques, dans les temples mêmes, où ses enfans se pressent pour le recommander à Dieu, on s'aborde, on s'interroge avec anxiété. On dirait que les affaires sont suspendues, que tous les intérêts ont disparu: on ne pense qu'au malheur qui nous menace.

Nous ne répéterons point les exemples qu'il a donnés pendant les jours de sa longue agonie; la paix du juste mourant est au dessus des expressions humaines. Nous ne dirons ni sa résignation céleste, ni sa prière continuelle, ni sa piété angélique dans la réception des derniers sacremens, ni son empressement à saisir de ses mains défaillantes le signe adorable du salut, ni le bonheur qu'il éprouvait à le presser de ses lèvres décolorées. Il n'y avait qu'un moyen de le réveiller de son assoupissement et d'exciter son attention, c'était de lui répéter quelques-uns des soupirs du Roi-Prophète, remettant son âme entre les mains du Dieu des miséricordes. Il n'appartenait plus à la terre : il était déjà dans les Cieux.

Enfin la voix lugubre de la cloche funéraire, qui retentit dans toutes les parties de la ville, annonce qu'il a terminé sa course. Son palais devient une vaste chapelle, aux murs de laquelle sont suspendus les signes de notre deuil. Son corps, revêtu des ornemens de sa dignité, reçoit les derniers hommages d'une foule empressée, recueillie, priant, pleurant autour de lui, tandis que le clergé se succède, la tête baissée et le cœur plein de soupirs, pour offrir le sacrifice des vivans et des morts, pour répandre des larmes et des supplications sur ces restes inanimés.

Mais il faut rendre à la poussière ce qui appartient à la poussière, cette portion de notre être qui doit un jour se lever glorieuse du tombeau, car il n'aura pas sur elle un éternel empire. Alors commence cet imposant convoi auquel nul autre ne peut être comparé ni par l'affluence, ni par les sentimens de ceux qui le composent, tant la mort d'un évêque est un grand événement, tant l'épiscopat exerce d'influence, tant l'Eglise Catholique garde de puissance au temps même où elle n'a plus pour commander le respect, que les promesses de son divin fondateur et les grâces dont il l'a faite dépositaire!

Mgr Montault n'est plus! ni ses vertus, ni notre amour n'ont pu le soustraire à la loi commune. Il n'est plus; ses cendres nous restent seules. Placées dans cette église, elles seront pour nous un avertissement solennel du néant de toutes choses et une puissante exhortation à profiter de ses exemples.

Il n'est plus! Venez, mes frères; descendons sous cette sombre voûte pour y recevoir une dernière leçon. Ne craignons pas de nous approcher de lui: ayons le courage d'entrouvrir son cercueil. Qui sait si bientôt on ne fermera pas le nôtre? Venez; prosternons-nous devant le Souverain-Juge; pleurons sur nos égaremens, sur nos jours écoulés, qui ne reviendront plus, sur les soins coupables ou frivoles qui dévorent une vie qui va nous échapper sans retour.

Venez, magistrats de cette grande cité, vous

dont les fonctions paternelles et presque sacerdotales semblent se confondre avec celles qu'il a si dignement remplies. Vous lui avez donné des preuves bien honorables de la profonde estime et du sincère attachement qui vous unissaient à lui: Il était accoutumé à se reposer sur vous du soin de son peuple, qu'il ne dirigera plus; vous ne tromperez pas ses plus chères espérances.

Venez, guerriers, dont la valeur doit être le rempart de la morale publique comme du bonheur de la patrie; vous avez suspendu vos bruyantes évolutions pour partager le deuil universel et le religieux silence d'une population éminemment catholique, vous avez abaissé vos armes devant l'illustre défunt, en signe de respect et de douleur : il vous protégera dans les hazards de votre périlleuse carrière ; car lui aussi aimait la France et son cœur battait au bruit de la gloire de ses enfans.

Venez, précepteurs de la jeunesse, maîtres de la sagesse et de la science, pour qui sa mémoire est un encouragement, pour qui ses désirs seront plus que jamais des ordres sacrés.

Venez, instituteurs et institutrices des pauvres, sur lesquels il fondait pour l'Eglise l'espoir d'un meilleur avenir : approchez-vous; il va se ranimer peut-être pour vous assurer de son affection.

Venez, membres souffrans de Jésus-Christ, vous dont il a tant de fois essuyé les larmes. Vous ne le verrez plus; vous ne lui confierez plus vos chagrins; mais, du haut de sa demeure nouvelle, il fera descendre sur vous la rosée du Ciel, qui rafraîchira vos maux.

Venez, tendres mères, le remercier des vœux qu'il formait pour le bonheur de vos fils: combien de fois les a-t-il reçus de vos bras pour les presser sur son cœur!

Et nous, ô mes chers confrères, ne viendrons-nous pas aussi réclamer encore une bénédiction? O saint Vieillard! vous fûtes notre père! vous ne cesserez pas de nous regarder comme vos enfans bien-aimés! Protégez notre ministère; c'est vous qui nous l'avez confié. Hélas! vous ne nous conduirez plus; nous ne recevrons plus vos conseils, nous ne jouirons plus de vos exemples; mais vous nous obtiendrez du Prince des pasteurs un autre père qui sera votre image. Il ne vous fera pas oublier, votre souvenir est ineffaçable; mais notre plus douce consolation sera de vous reconnaître en lui. Qu'il soit comme vous aimé de Dieu et chéri des hommes; et son nom toujours uni à votre nom, nous fera croire que vous êtes encore avec nous:

AINSI SOIT-IL.

SUPPLIQUE AU TRÈS SAINT PÈRE.

Paris, 5 mars 1802.

« Très Saint Père,

» Pénétré des sentimens de charité paternelle qui animent Votre Sainteté pour le rétablissement de la Religion en France, et touché sensiblement des témoignages de bonté que, dans votre bref du 15 août 1801, vous voulez bien donner à tous ceux qui avaient occupé des siéges épiscopaux dans cet empire sans aucune institution canonique de la part du Saint-Siége, je me jette aux genoux de Votre Sainteté et la prie de me pardonner. Je reconnais que mon devoir le plus strict est de contribuer à faire cesser le schisme, auquel j'ai eu grande part, afin que la Religion catholique, soit rétablie en France, et que les affaires ecclésiastiques aient pour base la nécessaire communion avec le Souverain-Pontife, chef de l'Eglise et centre de l'unité.

» J'avais été nommé à l'évêché de Poitiers en 1791,

et évêque sans aucune autorité légitime, j'en ai occupé le siége.

» En 1794, je l'abandonnai, et, depuis cette époque, je n'ai exercé aucunes fonctions épiscopales.

» Aujourd'hui, revenu et repentant de mes fautes, prenant pour règle les exhortations paternelles de Votre Sainteté, qui m'ont été manifestées par S. Em. Mgr le cardinal Caprara, légat à Latere, je m'empresse de déclarér et de faire profession, par cette lettre respectueuse, de la plus entière obéissance et soumission à Votre Sainteté, et aux Pontifes Romains vos légitimes successeurs.

» Je déclare en outre adhérer et me soumettre, avec un esprit sincère et respectueux, à tous les jugemens que le Saint-Siége apostolique a portés, et qu'il pourra porter sur toutes les affaires ecclésiastiques de l'Eglise de France.

» En conséquence, je reconnais comme illégitime et schismatique la convocation et célébration des soi-disant conciles diocésains, provinciaux et nationaux, tenus par les constitutionnels, auxquels cependant je n'ai point assisté et n'ai pris aucune part.

» Ayant déjà cessé toutes fonctions épiscopales, je déclare et je proteste que je m'abstiendrai à jamais de m'immicer dans le gouvernement du diocèse de Poitiers, que j'avais occupé sans l'institution du Saint-Siége.

» J'implore de la clémence de Votre Sainteté, les remèdes dont j'ai besoin pour être réconcilié à l'Eglise, et je proteste de me soumettre à tout ce que Votre Sainteté exigera de moi.

» Que je m'estimerais heureux, Très Saint Père, si

mon exemple pouvait être suivi par ceux qui, comme moi, n'ont pas toujours écouté votre voix parternelle !

» Je ne craindrai pas de déposer mes sentimens dans le sein du Père commun des fidèles. Puisse cette démarche contribuer à l'extinction du schisme qui désole l'Eglise de France ! Je m'en réjouirai dans toute la sincérité de mon cœur, et ce jour sera le plus beau de ma vie.

» Je me prosterne humblement, Très Saint Père, aux pieds de Votre Sainteté, et je lui demande sa bénédiction apostolique.

» Je suis avec le plus profond respect, Très Saint Père,

» De Votre Saintelé,

» Le fils très-humble, très obéissant et très soumis,

» Signé CHARLES MONTAULT. »

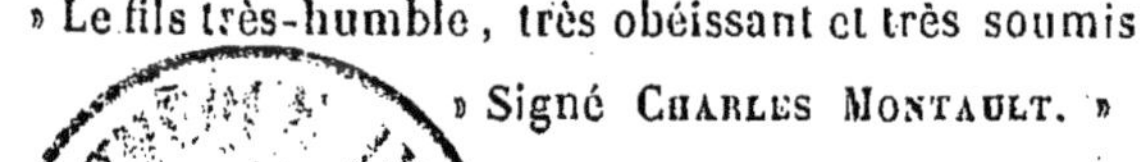

www.ingramcontent.com/pod-product-compliance
Ingram Content Group UK Ltd.
Pitfield, Milton Keynes, MK11 3LW, UK
UKHW022144190726
13855UKWH00003B/1322

9 782013 047142